Le chien de Max et Lili est mort

Série dirigée par Dominique de Saint Mars

© Calligram 2005
Tous droits réservés pour tous pays
Imprimé en Italie
ISBN : 2-88480-150-2

Ainsi va la vie

Le chien de Max et Lili est mort

Dominique de Saint Mars

Serge Bloch

CALLIGRAM

CHRISTIAN GALLIMARD

8

Non, ce n'est pas vrai !
Réveille-toi, Pluche !
Pluche !

Je lui casserai la figure à
celui qui a tué Pluche !

C'est horrible !
Tu ne peux pas
nous quitter ! On a
besoin de toi !

Aussi, il était toujours en
vadrouille ! On n'aurait pas dû
le laisser sortir !

Arrêtez, c'est de la
faute de personne,
il a peut-être été
imprudent...

C'est nul d'aimer... si c'est pour perdre ceux qu'on aime !

Non, ça fait du bien... on est faits de tout ceux qu'on aime et qu'on a aimé.

Les os de poulet, on ne les gardera plus pour toi !

La mort fait partie de la vie, on se nourrit, on grandit, on se reproduit...

... Et on mourit* ! Justement, Pluche, il ne se nourrit plus... Et toi aussi, bientôt, tu...

Bien sûr, si personne ne mourait, on serait trop nombreux sur Terre... mais il me manque trop...

Hé, pas tout de suite !

* Max aurait dû dire « ... Et on meurt ».

13

14

C'est étrange que Pluche ne soit plus rien, n'aboie plus, ne fasse plus de bêtises... Pluche, où es-tu ? Il s'est rendu compte qu'il allait mourir ?

J'ai peur ! Papa va mourir ! Et Maman...

Max ! Max ! Je suis là ! Tout va bien !

On vit 100 ans maintenant ! Et j'ai encore mon papa et ma maman !

Vous vivrez au moins jusqu'à ce qu'on soit grand ? Promis !?

Qu'est-ce que tu écris, Max ?

Un poème... pour mon chien !

C'est bien le moment ! Range-moi ça !

Regarde, une mouche morte, on pourrait l'enterrer avec Pluche !

Bonne idée, faut en trouver d'autres... On les rangera comme dans un potager, et peut-être quelque chose poussera !

21

24

Vous le remplirez avec tous vos souvenirs. J'ai collé deux photos de lui. Ce sera LES MÉMOIRES DE PLUCHE !

Quand on perd quelqu'un qu'on aime, c'est bon de garder des choses de lui.

Berk !

Moi, j'ai un super souvenir... On collera des poils aussi !

Moi, j'ai surtout peur de l'oublier... si je m'amuse trop !

Mais non, il aimait s'amuser lui aussi !

Et moi, on m'oublie ?

Tu crois qu'il y a un ciel pour les chiens ?

Pour les chiens je ne sais pas ! Et pour les humains, chacun croit ce qu'il veut, sans que personne ne puisse prouver si c'est vrai...

Il va refaire de la terre ? Son esprit va s'envoler dans les ondes ou il va se réincarner en autre chose ?

Ce serait vache qu'il devienne une poule, il ne les aimait pas... ou même un chat ?

N'est pas chat qui veut !

29

31

Bonjour madame !
Nous sommes Max et Lili,
nous enquêtons
sur ce chien... L'avez-vous
déjà vu ?

Mais oui ! C'est lui qui
m'a volé un poulet !
Il avait l'air affamé, un vrai
mendiant...

Euh...
Est-ce que votre
chienne a eu des
petits, par
hasard ?

Le poulet !
Sa passion...
Ne restons
pas ici !

La pauvre est
stérilisée*
depuis
longtemps !

C'était votre
chien ?

Non, non, on ne
le connaît pas...
personnellement.
Au revoir !

* On l'a opérée pour la rendre stérile, qu'elle ne puisse plus avoir de petits.

32

Pas de descendants là non plus...

Ouaf
Ouaf

Pas la peine de vous fatiguer. Je vous reconnais, vous et votre chien, un sacré filou qui venait rôder autour de ma Fifi !

On se demandait même si ce n'était pas lui le père !

QUOI !

Il était amoureux de Fifi ?

Amoureux ? Collant oui ! Il ne la lâchait pas !

Cher Pluche !

* Société Protectrice des Animaux, qui a des refuges pour accueillir et faire adopter les animaux abandonnés.

34

35

* La Déclaration des droits de l'Animal a été adoptée par l'Unesco en 1978.

38

39

Et toi...
Est-ce qu'il t'est arrivé la même histoire qu'à Max et Lili ?

L'as-tu vu mourir ? As-tu été choqué ? T'es-tu senti triste ?
En colère ? Ou as-tu trouvé ça naturel ?

On a compris ta tristesse ou on s'est un peu moqué de toi ?
On t'a caché sa mort ou on t'a dit la vérité ?

As-tu eu peur de le toucher ? De ne pas savoir ce qu'il
deviendrait après ? As-tu pu parler de la mort ?

Qu'aimais-tu chez lui ? Tu t'occupais beaucoup de lui ?
As-tu des bons souvenirs ? As-tu des regrets ?

As-tu fait un enterrement, un dessin ? Ça t'a fait du bien
d'AGIR sur un événement que tu as dû SUBIR ?

Ça t'a rappelé d'autres morts ? De gens que tu as connus ?
As-tu pu pleurer pour toutes ces séparations ?

As-tu été séparé d'animaux que tu aimais ? Ils ont été perdus ? Tu ne sais pas ce qu'ils sont devenus ?

Que faire quand son animal chéri est mort ? Pleurer ? En parler ? Le remplacer par un autre ? Attendre ?

Que penses-tu des animaux domestiques ? De ceux de la nature ? Te font-ils peur ? Es-tu allergique ?

As-tu déjà été mordu par un chien ? Comprends-tu
qu'ils se défendent quand ils sont surpris ?

Trouves-tu qu'il faut les respecter comme tous les êtres
vivants ? Même s'ils n'ont pas la même évolution ?

Que peut t'apprendre un animal ?
À être fidèle, tendre, à observer, se défendre ?

**Après avoir réfléchi
à ces questions
sur la mort d'un animal,
tu peux en parler
avec tes parents ou tes amis**